Georg Gumpp

Schatten und Licht

Bibliographische Informationen der Deutschen
Nationalbibliothek:
Die Deutsche Nationalbibliothek verzeichnet diese
Publikation in der Deutschen Nationalbibliographie;
detaillierte bibliographische Daten sind im Internet
unter http://dnb.dnb.de abrufbar.

© 2020 Georg Gumpp
Verlag:
BoD · Books on Demand GmbH, Überseering 33,
22297 Hamburg, bod@bod.de
Druck:
Libri Plureos GmbH, Friedensallee 273,
22763 Hamburg

ISBN 978-3-7504-8055-1

Schatten und Licht

Vorwort

Die Gedichte dieser Anthologie entstammen aus den
drei bisher veröffentlichten Werken des Autors,
ausgenommen den Gedichten, die mit einem *
gekennzeichnet sind. Sie entstanden im Jahr 2020.

Vorwort

Schon früh berührten mich Gedichte als eine Ausdrucksform, die Gedanken und Gefühle trotz einer Verdichtung auf wenige Zeilen deutlicher miterleben lassen, als dies oftmals Romane vermögen. Ohne mich mit den Größen der Zunft messen zu wollen, war es doch für mich ein Weg, mich selbst aber auch andere Menschen zu verstehen. So beinhalten meine Werke nicht nur eigenes Erleben, sondern auch Geschehnisse, die ich in meinem Umfeld beobachtete. Letztlich erkannte ich im Schreiben nicht nur einen Weg, Freudiges wie auch Bedrückendes zu beschreiben, sondern auch Erleichterung für die Dinge zu erfahren, die mich betrafen. Gleichwohl lagen mir Menschen am Herzen, deren Schicksale mich berührten, welche ich ebenso reimend verarbeitete. Die unterschiedliche Verwendung von neutraler oder Ich-Form bezeugen keineswegs, ob eigenes oder fremdes Erleben die Grundlage darstellte. Daneben runden Miniaturen beispielsweise über Heimat und Natur, wie auch gesellschaftlichen Ereignissen mein Werk ab.

Donauwörth, im Juni 2020

Über das Dichten

Schon lange fröne ich der Dichtung,
Der Reihung Wort an Wort in Harmonie
Verleiht mir Halt und weist mir Richtung
Und gießt in Form die Fantasie.

Oft warst Du mir fast wie ein Vater
Und nahmst mich zärtlich an die Hand.
Du teiltest mit mir Freud' und Trauer
Und schütztest mich wie eine Wand.

Was mir oft half, es war nur mir beschieden,
Doch sollt' ich Teil des Ganzen sein,
So soll's nicht mir allein nur dienen,
Dann möcht' ich Trost für and're sein.

Kindheit

Es wurde Licht, ward mit Lächeln empfangen,
Bin alsbald an meiner Mutter gehangen.
Hab' mit großen Augen die Welt bestaunt,
Die ersten Töne unsicher geraunt.

Bald konnte ich krabbeln, hab die Umgebung
erkundet,
Mich über all das Neue gewundert.
Kamen Papa und Mama hab' ich mich gefreut,
Mein Dasein auf Erden keine Sekunde bereut.

Die ersten Worte, unsichere Schritte,
Wurde zum Schatz in geborgener Mitte.
Man nahm mich zärtlich an meiner Hand,
Führte mich vom Zimmer hinaus in das Land.

Was die Erwachsenen zuhauf übersehen,
Ist es im Kleinen um einen geschehen.
Mich zu beglücken, da braucht es nicht viel,
Ein Schaufenster im Laden, das war mein Ziel.

Die Ventilatoren in pastellfarbener Pracht,
Wer hätte das von mir gedacht,
Zogen mich an, kam man daran vorbei,
Wie bei anderen Kindern die Blumen im Mai.

So blieben unscheinbare Dinge, die es schafften,
Als schöne Erinnerungen an mir zu haften.
Ich vergaß es mein Leben lang nicht,
Was kurz danach geschah, als ich erblickte das Licht.

Im Lebensmittelladen

Ein Zauber längst vergangener Tage,
Bist Du für mich, ganz ohne Frage.
Du hast mir gar so viel gegeben,
In meinem damals noch jungen Leben.

Ob Osterhasen, Nikoläuse,
Oder Schaumkrönchen und Zuckermäuse.
Zur rechten Zeit war es vorhanden,
Und kostenfrei von mir erstanden.

Meine Eltern haben sich oft überwunden,
Gaben mir das Erwünschte schon vor dem ersten
                                              Kunden.
Und mit all den schönen Sachen
Konnte man mir eine Freude machen.

So bleibst Du mir in meinem Sinn,
Für Leib und Seele ein Gewinn.
Egal in welchen Lebenslagen -
Mein kleiner Lebensmittelladen.

Elternhaus

So viele Jahre sind seither vergangen,
Wie habe ich an Dir gehangen,
Geliebtes trautes Elternhaus.
Hier fühlte ich mich stets geborgen,
Kannte damals keine Sorgen,
Wusste immer ein und aus.

Dem Paradiese gleich, so war die Welt.
Was die Eltern sagten, ja das zählt',
Und hat mein Denken stets umfasst.
Durch Berg und Tal das Leben wandert.
Der Strom der Zeit – auch er mäandert,
die Erinnerung nun bald verblasst.

Doch kommen die Gedanken wieder,
Beug' ich mich jetzt auf Euch hernieder,
Meine kleine Tochter, mein kleiner Sohn.
Und seh' den Glanz in Euren Augen,
Sie schenken mir ein Gottvertrauen.
Für Euch da zu sein, das ist mein Lohn.

Dem will ich würdig mich erweisen,
Bevor auch Ihr geht auf Eure Reisen
Geb' ich von meinem Bestem Euch ein Stück.
Für Euch hab ich mich gern gestreckt,
War sicherlich oft nicht perfekt,
Doch vielleicht blickt Ihr dereinst wie ich zurück.

Geschwister

Geschwister
Immer verbunden
Brüder und Schwestern
In Liebe trotz Streit
Ewigkeit

Ende der Jugend

Es reift die Zeit, den letzten Blick zu wagen,
Vergangene Jugend, sie wird nun nicht mehr sein.
Ein Junge orientiert sich auf verschlungenen Pfaden
Und setzt behutsam seinen Fuß von Stein zu Stein.

Voll Neugier, Mut und praller Lebensgeister
Lässt er sich treiben Stück für Stück.
Gleich mir wird er bald immer dreister
Und findet keinen Blick zurück.

So gehen auch für Ihn die Jahre,
Bis zu dem Tor, wo ich jetzt steh'.
Der Jugend Wind streicht letztmals durch die Haare
Uns sagt: Verweile kurz, bedenk und - geh.

Für Sandra

Ich sehe, welch' glückliches Kind mir beschieden
Und habe vor Freude keine Träne vermieden.
Die Wärme Deines Wesens hat meine Seele geheilt.
Doch manchmal in ernsten, ganz ruhigen Momenten,
Wenn Worte nur von Gedanken ablenken,
Seh' ich auch Deine Nachdenklichkeit.

Du siehst mich dann an mit fragenden Augen,
Als Dein Vater wollt' ich Dir immer gut taugen.
Doch sogleich werden mir meine Fehler gewahr.
Dir schein ich allwissend, Du suchst meinen Rat,
Ich steh' Dir zur Seite mit Wort und mit Tat,
Als Schutzwall gegen all der Welten Gefahr.

Dich nie zu enttäuschen, Du, mein liebes Kind,
Komm in meine Arme, komm ganz geschwind
Und übertrage mir all Deine Sorgen.
Wie oft bin ich Dir wohl nicht gerecht,
Meine Taten gelingen mir leider oft schlecht,
Doch auf die Nacht folgt immer ein Morgen.

Mein Kind (Michael)

Welch' Glück es ist, Dich festzuhalten
In meinen Armen Dir als Schoß,
Wo jeder Mensch lässt Milde walten
In seiner Freude reich und groß.

Als Lächeln frisch von Deinem Munde,
Vom Fläschchen noch ganz milchverschmiert,
Erstrahlt aus Deiner Seele Kunde,
Welch' Gnade mir von Gott gewährt.

Dich als mein Kind begleiten dürfen,
Auf Deiner Reise durch die Welt.
Wenngleich auch nur ein Stück des Weges,
Ist's doch die Zeit, die ewig zählt.

Blatt im Wind

Getragen vom Winde, es fühlt sich so frei,
Entfernt sich vom Stamm, ihm ist's einerlei.
Kein Trennungsschmerz brennt jemals in ihm,
Flattert losgelöst und ziellos dahin.

Beschützt, behütet und niemals allein,
Jetzt führt sein Weg ins Ungewisse hinein.
Gönnt sich keine Ruhe, kennt keine Rast,
Seit es gegangen von Baumes Ast.

Doch gleich diesem Blatte soll's Dir nie ergeh'n.
Wo immer Du bist, will ich Dich wiedersehen.
Wie das Blatt so steht auch Dein Leben im Wind,
Doch zu mir kannst immer zurück mein lieb' Kind.

Nie verloren, nie vergessen, nie vom Winde verweht
Die Zeiten vergehen, doch die Sehnsucht, sie lebt.
Deine Stimme zu hören, wenn sie schallt durch den
                                                    Raum,
Bist Du wieder da, dann erfüllt sich mein Traum.

Hab Dank

Ich sah Dich kaum, bald musst du gehen,
Dein Lächeln bleibt mir wohl gewahr.
Noch lange werde ich Dich sehen,
In Gedanken – hell und klar.

Sanftmut strahlt aus Deinen Augen,
So weich und ehrlich in die Welt.
Deinen Worten durft' man glauben,
So liebenswürdig wohl gewählt.

So hast Du mir oft Trost gespendet
Und warst Dir dessen nicht bewusst.
Hab' mein Vertrauen Dir verpfändet,
Von Deinem Beistand wohl gewusst.

Auf uns'rem Weg – von Gott gegeben,
Die Trennung bereits vorbestimmt,
Wirst Du in mir doch weiterleben,
Vergiss auch Du mich bitte nicht.

Abschied

Du gehst hinweg aus meinem Leben,
Ich sehe Dir noch traurig nach.
Konntest leider mir nicht geben,
Wovon mein Herz zu Dir oft sprach.

Weil ich Dich lieb' wünsch' ich Dir sehr,
Dass der, den Du einmal wirst lieben
Dich so verehrt wie ich – und mehr
Geliebt seist Du – Dein ganzes Leben.

Der Schmerz

Sie stand im Raum, ein Augenblick,
Sein Herz es blieb kurz stehen.
Da war's geschehen, Sekundenglück.
Er konnt' nicht mehr von ihr gehen.

Er mag sie sehr, er hat sie gern,
Würd' gerne nach ihr tasten.
Ihn zieht's zu ihr, doch bleibt er fern,
Er will sie nicht belasten.

Doch bleibt der Schmerz, wenn er sie sieht
In den Armen eines andern.
Geschlagen er am Boden liegt,
Warum musste sein Herz wandern.

Gelassenheit

Am Morgen des Lebens kann alles gescheh'n,
Ach, wär ich doch älter, könnt von den Eltern schon
Gehen.
Denn das was ich will, trau ich mir schon zu,
Und bin ich dann 18, dann geben sie Ruh'

Nach ersten Zielen, das Alter noch weit
weiß ich was ich kann, bin dazu bereit
Gründ' eine Familie, geh auf im Beruf
Folge kraftvoll, unsterblich, dem lautlosen Ruf.

Sind meine Ziele erreicht, meine Gedanken nicht
ruh'n,
Wie ist mein Leben, was kann ich noch tun?
Die kommenden Jahre, ich fühl erste Pein
Werden weniger als die vergangen sein.

Am Abend des Lebens schau ich dann zurück
Wie mein Leben verlief, richte ich meinen Blick
Verzeih mir meine Fehler, bin dem Tod nicht mehr
weit,
darum schenke mir Gott mehr Gelassenheit.

Zärtlichkeit

Es sind die Momente, alleine mit Dir,
Erwartung im Herzen, ein Pochen in mir.
Schon berühren meine Finger zart Deine Haut,
So warm anzufühlen, hätt' mich fast nicht getraut.

Du wendest mir zu, deinen lieblichen Blick,
Das Feuer in mir macht mich beinah' verrückt.
Unsere Augen treffen sich einen kurzen Moment,
Dir so zugetan, meine Seele, sie brennt.

Meine Lippen berühren sanft Deine Wangen,
Möchte auch von Dir manch Küsse empfangen.
Ich drück' Dich an mich, Dein Duft mich umspielt.
Hoff', dass mein Herz Dich nie mehr verliert.

Heimat

Wo ist die Heimat? – Ein jeder sie kennt.
Die einen verankert, die anderen getrennt.
Wer Wurzeln geschlagen, bald Fernweh verspürt,
Der in der Fremde von Heimweh berührt.

Wo ist die Heimat? – Ist sie ein Ort?
Oder ist es das Herz, ein geschriebenes Wort?
Ist es die Seele, die baumelt im Wind?
Oder ist es die Nähe zum eigenen Kind?

Wo ist die Heimat? – Wo ist Dein Zuhaus'?
Verschließt Du Dich gerne, oder musst Du hinaus?
Schwelgst Du in Träumen bei Büchern und Liedern,
Oder spürst Du beim Wandern so wohl Deine
Glieder?

Wo ist die Heimat? – Behüte sie gut.
Für neue Gefilde fehlt oftmals der Mut.
All' Neues im Leben, es kommt und es geht,
Doch behältst Du im Herzen, wo Dein Elternhaus
steht.

Im Wald

Seltsam wie Du mich berührst,
In Dir fühl' ich mich geborgen.
Du hast mich zur Ruhe verführt,
Vertreibst ganz sacht meine Sorgen.

Und seh' ich empor ins Reich Deiner Kronen,
Wo verschiedenes Grün an den Blättern sich bricht.
Dort oben erblick' ich ein Eichhörnchen thronen,
Das mich heranlässt – beinahe auf Sicht.

Hier kann ich atmen, hier kann ich sein,
Wo Tannenduft meine Sinne betört.
Keine Menschenseele – und doch nicht allein,
Aus der Ferne der Ruf eines Kuckucks ertönt.

So gehe ich weiter, weit in Dich hinein,
Erfrische mich an Deinem Bache.
Im tiefen Dunkel fühl' ich mich daheim,
Wo die Sterne über mich wachen.

Auf dem Weg

Lang schon geh ich meinen Weg,
Über Berg und Tal und manchen Steg.
Hab manches Flussbett schon durchquert,
Mir keinen Anstieg je verwehrt.

Nur hin und wieder steh' ich stumm,
Seh' vor, zurück und frag warum.
Dann geh ich weiter ohne Ziel,
Mal ist's zu wenig, mal zuviel.

Nun stehe ich am Wegesrand,
Ein schöner Anblick der mich band.
Ein Apfelbaum, so ganz allein,
Lud mich zum Innehalten ein.

Die eine Frucht an einem Ast
Ließ mich verlängern meine Rast.
Wie konnte sie nur so schön reifen,
Wollte gar schon nach ihr greifen.

Doch hielt ich an, konnt' sie nicht pflücken.
Hab es versucht, es wollt' nicht glücken.
So ließ ergeben ich das Schicksal walten,
Sie war jemand anderem vorbehalten.

Ich muss nun weiter, fort von ihr.
Doch den Blick zurück, den gönn' ich mir.
Leib sie in meinem Herzen ein,
Und in Gedanken ist sie mein.

Der Wanderer

In steter Hast seit er geboren,
Ist er nun seines Weges müde.
Was blieb bei ihm, was ging verloren?
Wieviel war wertvoll, wieviel nur Plattitüde?

In stummer Rast, den Hügel erst erklommen,
Sieht er gedankenvoll hinab ins Tal.
Hat manche Vogelstimme gern vernommen,
Doch etwas wird in ihm zur Qual.

Dem Zug der Vögel gleich verlief sein Leben,
An jedem Ort hat er 's versucht.
Hätt' der Einen gern sein Herz gegeben,
Hat sie so sehr ein Leben lang gesucht.

Die Blüte

Auf einer Wiese sah ich sie, den Kopf schon zart
erhoben.
Und aus dem Schutz des Mutterblattes ihre Blüte
angehoben.

Doch bleibt sie einem Schutzraum gleich in ihrer
Hülle stecken.
Und wagt es allem Anschein nicht, sich zur Sonne hin
zu recken.

Sie traut sich nicht, sie bleibt bei sich, sie ist zutiefst
bescheiden.
Ich wünschte mir, sie zeige sich, viele würden sie
beneiden.

Depression

Schwer wie Blei erscheinen alle Glieder
Und einmal mehr und immer wieder
Versink ich einsam in mir selbst
Und weiß doch selbst nicht was mir fehlt.

Traurige Blicke von Schwermut getrübt
Von schönen Dingen entwöhnt, gleichsam nie geübt
Steigt der Druck, schnürt den Atem mir ab
Und zieht mich tief ins Dunkel hinab.

Siegt die Hoffnung oder übersteigt sie die Not,
Kraft neuen Lebens oder Gang in den Tod.
Welcher Weg wird mir nun gezeigt,
wenn die Waage sich endgültig neigt?

Im Innersten

Wie viele Stunden bei sternklarer Nacht
Habe ich stumm vor dem Fenster verbracht.
Was ist mir misslungen, was hab' ich geschafft?
Wem hab' ich Leid, wem die Freude gebracht?

Meine Gedanken, sie kreisen unendlich umher
Die Antwort zu finden, das fällt mir zu schwer.
Gab ich genug oder verlangte man mehr?
Wen hab' ich verletzt, wen liebte ich sehr?

Ich weiß, meine Worte – oft nicht gut gewählt
Wie ein Boxer bei Neun bereits angezählt,
Hoff ich doch, dass der, der einst von mir erzählt
Mein Gutes erkennt, wenn meine Häute geschält.

Allein

Wo sie einst war, ist nicht mehr ihr Heim,
Wo sie nun ist, ist nicht ihr Daheim.
Wo wird sie sein – Idylle ist Schein,
Im Grunde ihres Herzens – für immer allein.

Vergänglichkeit

Vergangenes – wie weit warst du schon entfernt,
Vergessen, verleugnet, Lichtjahre getrennt.
Alles ging so glatt und eben den Gang,
Da wurd' er zur Beute, dem Schicksal zum Fang.

Ein Ruf junger Jahre brachte ihn noch einmal empor,
Noch einmal einem Mädchen seine Liebe er schwor.
Im Rausch der Gefühle war er nicht mehr soweit,
Zu erkennen, sie ist vorbei - seine Zeit.

Das Messer im Herzen, den tödlichen Stich
in all seiner Trauer, ja so fühlte er sich,
doch gönnt' er der schönen, so jungen Madam
den liebenden, um sie werbenden Mann.

Und weil er sie liebt, freut er sich so sehr,
Sie so glücklich zu sehen, was wollte er mehr.
Er könnt's ihr nicht bieten, war Welten entfernt,
Doch das Feuer für sie in ihm immer noch brennt.

Bittere Kindheit

Am Rande Du standst, keiner spielte mit Dir.
Du wolltest dabei sein, doch keiner schrie: Hier!
So oft warst Du Willens, hast alles versucht:
Gelitten, geweint, sie alle verflucht!

So gingen die Jahre, oft warst Du allein,
Nur Deine Tiere, sie lindern die Pein.
Was mache ich falsch – hast Du Dich gefragt,
Man wollte Dich nicht, warum – das hat man Dir nie
gesagt.

Dein Schrei nach Liebe hat Dir nichts genutzt,
kam einer zu Dir hat er Dich nur benutzt.
Du hättest so gerne manch' Opfer gebracht,
Doch insgeheim wurdest Du nur verlacht.

Einsamkeit

Wenn die Blätter vom Baume verwelken
Und Schnee schon auf der Seele liegt,
Willst Freude im Kalender nicht mehr vermerken,
Weil der Quell schon so lange versiegt.

Du rennst von dannen – von Ziel zu Ziel,
Dein Blut kocht in Deinen Adern.
Die rastlose Hast wird Dir alsbald zuviel,
es ist Zeit, mit dem Schicksal zu hadern.

Schrei Deiner Seele – im Nichts verhallt,
Keine Hand ist zum Schutze bereit.
Ohne Ausweg – welch ein Schicksal – geballt,
Führt Dein Weg ins Dunkel der Einsamkeit.

Angst

Angst vor dem Leben
Kein Sonnenstrahl kann Freude mir geben.
Stumm und allein im finsteren Tal
Hab' ich von Mal zu Mal
So Angst vor dem Leben.

Angst vor dem Sterben
Möcht' Euch zumindest meine Liebe vererben.
Seh' letztmals noch in meiner Liebsten Gesicht,
Bevor endgültig erlischt mein irdisches Licht.
Hab' so Angst vor dem Sterben.

Angst vor dem Tod
Gang ins Dunkel in letzter Not.
Hoffe am Ende erstrahlt doch ein Licht,
Das vielleicht erstrahlt auch für mich.
Hab' so Angst vor dem Tod.

Trauer

Von weiter Ferne erblicke ich Dich,
Deine lieblichen Worte so fern.
Zärtliche Blicke – sie treffen nicht mich.
Für mich – da leuchtet kein Stern.

Ein Rinnsal auf meinen Wangen
Voller Tränen – gefrierend zu Eis.
Verzweiflung, sie hält mich gefangen.
Wieder schließt sich der höllische Kreis.

Ein letzter Versuch, zum Scheitern geboren,
Hoffte ich doch auf ein tröstendes Wort.
Ein letzter Schmerz – und wieder verloren,
Verlasse ich sterbend den finsteren Ort.

Selbstmord

Dunkles Zimmer – dunkle Seele.
Den Sinn des Lebens ich verfehle.
Trauernd auf die Zukunft hoffe.
Kalte Wand um die Gefühle,
Den Hauch des Todes ich nun spüre,
Mir nur ein Wort von Dir erhoffe.

Doch es ist still – nur kalte Nacht.
Seht wie des Teufels Fratze lacht.
Und ich habe es vollbracht.
Des Todes Schrei zerreißt die Stille,
Wohl war es mein eigener Wille.
Heut' Nacht hab' ich mich umgebracht.

Loslassen

Bist mir abhandengekommen
Durch meine Hände geglitten
Hatte so gern Deine Stimme vernommen
Hab' an Deinem Abschied gelitten.

Aus der Ferne da weht noch Dein Geist
Lässt mein Herz noch immer erbeben
Erscheinst in schönsten Träumen mir meist
Darf Deine Nähe nur noch selten erleben.

Mein Leben

Hab nicht um mein Leben gebeten
Und doch ist es wunderschön
Muss Trauer empfinden, darf Freude erleben
Mein Leben – es soll niemals vergehen.

Schlägt das Schicksal auch erbarmungslos zu
Wart' ich geduldig auf bessere Zeiten
Bald komm ich dann wieder zur Ruh
Werde an neuem Glück mich dann weiden.

Nach all den Jahren auf Erden
Unwissend wie alles geschah
Bin ich dankbar für mein Werden
War meinen Liebsten doch immer so nah.

Drei Elfchen

Tränen
Lautloser Schrei
Staubkorn im Granulat
Treibsand ins irdische Nichts
Hilfe

Panik
Hilflos ausgeliefert
Vor Entsetzen gepackt
Die Seele schreit lautlos
Stille

Gedanken
Voller Leichtigkeit
Von Wellen getragen
Am Ufer des Sees
Glück

Am Abend des Lebens

Schon manchen Gipfel kühn erklommen
Manch Tal durchquert mit weitem Schritt
Vergangenes bereits verschwommen
Was geschehen war – erlischt.

Des Lebens Spiel, immenses Treiben
Und ewig währt die Wiederkehr
Wenn Menschen an sich ständig reiben
Und sich setzen stets zur Wehr.

Dein Blick geschärft in all den Jahren
So viel im Leben Dir gewiss
All dies, was Dir ward widerfahren
Wurd' zum Bündnis, wurd' zum Riss

Gelassen weilst Du noch auf Erden
Die Endlichkeit Dir wohl bewusst
Hast erreicht was wolltest werden
Und vieles doch noch gern gewusst.

So hoffst Du jetzt zur Abendsonne
Dass noch viele Monde untergeh'n
Und erfreust' Dich voller Wonne
Deine Kinder reifen zu sehn.

Der Clown

Die Kinder, sie lachen, wollen Ihren Augen nicht
                                                    trau'n,
Es beglückt sie in Höchstform – Siggi, der Clown.
Er bringt sie zum Lachen, zum Toben, zum Schrein,
Ja, alle im Zelt würden gerne so sein.

Die Show ist vorbei, der Vorhang, er fällt.
Aus dem Rausch nun erwacht, der Raum sich erhellt.
Die Kinder erbitten, lasst uns doch zu ihm geh'n
Wir möchten so gerne den Clown nochmal seh'n.

Von Herzen ergriffen, schwenken die Eltern doch ein,
Dort in dem Wagen, dort müsste er sein.
Wahrscheinlich erschöpft, sicher glücklich im Herzen,
Er schenkte uns Freude, mit all seinen Scherzen.

An seinem Wagen, wie es sich gehört,
Wird sanft angeklopft – hat er's überhört?
Kein Ton, keine Antwort, dann trat einer ein,
Und draußen, da hörte man nur noch sein Schrei'n.

Die Kinder verstummten, was war da geschehen,
Was hat denn der Mann so Schlimmes gesehen?
Blass trat er heraus, zitternd und matt,
In seiner Hand nur ein einziges Blatt:

„Habe versucht Euch die Freude zu geben,
Die ich nie bekam - in meinem Leben.
Erfuhr die Liebe leider nur noch im Traum.
Lebt wohl ohne mich, Eurer Siggi - der Clown."

Ausgegrenzt

Dein Blick, er huscht an mir vorbei,
Starrt unbeteiligt durch den Raum.
Ich bin Dir anscheinend einerlei,
Bemerkst Du mich? – Wohl kaum.

Ein Dritter nähert sich dem Bunde,
Schon hellt sich auf Geist und Gemüt.
Fröhlichkeit macht jetzt die Runde,
Um mich habt Ihr Euch nicht bemüht.

Doch manchmal stell ich ein paar Fragen,
Auch manche Antwort stellt sich ein.
Im Grunde wollt ihr mir nichts sagen,
So bleib ich unter Euch – Allein.

Schon lange wollt Ihr nichts mehr wissen
Von dem was ich Euch sag'.
Ihr werdet mich eh nicht vermissen,
Drum bleibt auch weg von meinem Grab.

Doch gleichwohl nehme ich den Satz zurück
den ich zuletzt geschrieben.
Ihr wart und seid und bleibt mein Glück,
Bin ich auch dereinst verschieden.

Abseits

Abseitsstehen – bleischwer sind die Gefühle,
Vernommene Stimmen, sie klingen samt an Dir vorbei
Verharrst im Stummen, doch mahlt sie diese Mühle,
Was hartgesotten war, wird Brei.

Noch immer scheint dir dieses Treiben
Im Grunde einerlei zu sein.
Doch wird schon bald es an dir reiben,
Wirst gelassen nur zum Schein.

Aus dem Kreise willkürlich entlassen,
Stehst außerhalb des Weltenkreis'.
Hätt'st ihn von selbst niemals verlassen,
Dennoch bezahlst du diesen Preis.

Untergang

Aus dem Traum erwacht
War in Watte gebettet
In jener Nacht
Hätt' ich um alles gewettet

Dass es Dich gibt
Die mich errettet
Hab Dich verzweifelt geliebt
Hätt'st mir die Narben geglättet

Doch Du warst nicht da
Warst nur eine Fata Morgana
War dem Himmel so nah
War nur ein Schlachtfeld da

Ich habe erkannt
Alles verloren
Keine Gefahren gebannt
Aus der Hölle geboren

Sind all meine Schmerzen
Ist mein Untergang
Blutende Herzen
Voller Angst und Bang

Hab' an Dich geglaubt
Meine Seele verpfändet
Meines Verstandes beraubt
Leidvoll verendet

Alter Mann

Es ist wie immer an jenen Nachmittagen,
Die Schwester hat ihn fein gemacht.
Er freut sich schon, von Hoffnung getragen,
Doch keiner hat an ihn gedacht.

Sonntags nach dem Glockenläuten
Treffen sich am freien Tage
Manch Kinder, Enkel und auch deren Bräute,
Nur er bleibt einsam – ohne Klage.

Manchmal fühlt er - leidet stumm,
Die starren Augen können nicht mehr weinen.
Er bleibt wieder mal allein,
Alle waren sie gekommen – nur nicht die Seinen.

Seine Frau, sie ist schon lang gegangen,
Die Kinder in geglückten Ehen.
Am Leben hängt nur sein Verlangen,
Die Kinder, Enkel noch zu sehen.

Kamen anfangs noch die Karten,
Telefonate von ganz weit:
Lieber Papa, musst noch warten,
Haben heute keine Zeit.

Die Schwester spricht mit ihm noch lange,
Wählt Worte aus zu seinem Trost,
Streichelt zärtlich seine Wange,
Sie ihm seine Stirn liebkost.

Der Tag neigt sich dem Abend zu,
Er hört die ersten Abschiedsworte.
Bei Zeit begibt er sich zur Ruh,
Vernimmt ein letztes Klicken an der Pforte.

Bald werden Glocken wieder klingen
Und seine Hoffnung wächst erneut.
Sicher wird es heut gelingen,
Sie werden kommen – zu seiner Freud.

Bilder der Vergangenheit (Mein Vater)

Vergangen die Zeit, als wir zusammen waren,
Die schönen Tage im Kleinen verbracht.
Es musste nichts Großes geschehen,
Wir wählten Momente mit Bedacht.

Durch den Tod wurdest Du mir entrissen.
Bist in meinem Herzen ewiglich einverleibt.
Zu gehen heißt irgendwann zu verlassen
Für immer die schöne gemeinsame Zeit.

Doch meine Gedanken, sie werden nicht müde,
Unser beider Weg in meine Seele zu weben.
Schmerzte der Abschied auch rüde,
Wird ein Stück von Dir in mir weiterleben.

Vertreibung (An meine Mutter)

Die einen verloren ihre Jugend im Krieg,
Die anderen ihr Leben oder ihr Hab und Gut.
Die Führer träumten vom großen Sieg,
Das Volk verlor seinen letzten Mut.

Aus der Heimat vertrieben,
Kein Andenken blieb.
Zwischen den Fronten zerrieben,
Getroffen von einem schmerzhaften Hieb.

Bald ist es so weit
Und es wird vergessen,
Was vor langer Zeit
Die Vorfahren hatten besessen.

Doch noch immer in stillen Momenten
Werden Gedanken hellwach.
Gefühlt, gelitten in diversen Akzenten,
Verklärt oder nicht, die ehemalige Pracht.

Zum Sterben schön

Kommt der Tag, an dem er nicht mehr gewinnt,
Seine letzte Träne an der Wange zerrinnt,
So bleibt ihm die Liebe als letzter Trost.

Ist er der Welt auch abhandengekommen,
Wird was er geben will, nicht mehr angenommen,
Scheint seine Seele gefangen in ewigem Frost.

So bleibt ihm doch die Liebe, die er hat zu
verschenken.
Niemand kann's ihm verbieten, keiner kann's ihm
verdenken,
Jemand zu lieben, selbst wenn dieser ihn hasst.

Und wenn sein Herz auch in Flammen steht
Und keiner es sieht und keiner es findet,
Zum Sterben schön hat es für ihn gepasst.

Niedertracht

Alles versucht, alles gegeben,
Nichts bekommen nichts vergeben.
Was dem einen geschenkt, wird dem Andern
                                      verwehrt.
Wer nimmt ihm übel, ist er in sich gekehrt.

Baut eine Mauer rund um sein Leben,
Nicht aus Härte, will nur keinen Schmerz mehr
                                      erleben.
Wie er ihn erfuhr in vergangenen Jahren.
All dies soll ihm nun nicht mehr widerfahren.

Zuversicht

Manch' graue Tage – kalt und trübe,
Ein Leben im Novemberlicht
Machen selbst den Gaukler müde,
als ziehe Gott in vor Gericht.

All Deine Pein – das große Leid
Ward in Dir selbst geboren.
So schöpfe Kraft, erkenn die Wahrheit
Und gib Dich selbst niemals verloren.

Am Ende eines jeden Weges
Scheint für jeden doch ein Licht
Warst Du verzagt, hast aufgegeben,
Siegt letztlich doch die Zuversicht.

Gebet

Alles wollen wir berechnen,
Zählen, wiegen – und letztendlich dran zerbrechen,
Wir maßen uns Erkenntnis an,
was nur ein Wort von Dir getan.

All unser Wissen, unser Streben
Bleibt von vornherein vergeben,
behüten wir das Wahre nicht,
Das durch die Liebe zu uns spricht.

Du offenbarst Dich meist im Kleinen,
Man sieht Dich mit dem Herz, dem reinen.
Wenn man vor einer Blume rastet,
Nicht wenn man durch den Tag nur hastet.

Drum such' ich Dich auf meinen Wegen,
Im Flug der Hummel, in Freudentränen.
Ich hör' Dich gern im Kinderlachen,
Beim Spielen, Toben, Späße machen.

Oh Herr, lass mich daran genesen,
Die Zeit ist doch so knapp bemessen.
Der Vater stirbt, das Kind erblüht zu neuem Leben.
Lass mich dereinst in Deine Arme schweben.

Kleines Feuer

Kleines Feuer –
Wie Du loderst, Deine Flamme so zart.
Helles Licht, das Du schon zu verbreiten vermagst.
Noch so klein und doch erwärmst Du mein Herz,
Wie die Sonnenstrahlen die Erde im März.

Kleines Feuer –
Bist noch so jung und klein auf der Welt
Richtest Dich erst ein unter dem Himmelszelt.
Wirst noch wachsen und reifen in langer Zeit
Und weiter erstrahlen in deiner Schönheit.

Kleines Feuer –
Bald schon bin ich nicht mehr.
Werde Dich vermissen so sehr.
Ist mein Stern erloschen, strahlt Deiner noch lang
Wirst leben in Freude, um Dir ist mir nicht bang.

Mondlicht

Es neigt sich zur Nacht, der Mond scheint nun hell,
Man begibt sich zur Ruhe der Tag war so grell.
Die Kühe auf der Weide nun nicht mehr grasen,
Still und verlassen sieht man den Rasen.

Noch letzte Geräusche dort drüben vom Wald,
Der Laut eines Tieres schon bald verhallt.
Mit Beethovens Sonate, zart in den Ohren,
Geht der scheidende Tag im Schlafe verloren.

,,,

Das Spiel

Der Mensch vertreibt sich seine Zeit
Gerne mal mit einem Spiel.
Und ist ein Gegner dann bereit,
Ist der Sieg dabei das Ziel.

Gewinnt man ist die Freude groß,
Die Niederlage hüllt in Trauer.
Sind die Gefühle auch famos,
Sie sind nicht von langer Dauer.

Drum bedenke Mensch, sei ganz bescheiden,
Triumphierst Du auch bei Brett und Karten.
Auch du wirst hin und wieder leiden,
Das Scheitern lässt nie lange auf sich warten.

,

Fußball

Angespannt mit starrem Blick,
Ewig währt der Augenblick.
Sind es doch nur noch Minuten,
Lassen Stunden sich vermuten.

Das Herz, es schlägt schon aufgeregt.
Beine zittern sehr erregt.
Ein Pfiff kommt der Erlösung gleich.
Auf der Tribüne sitzt der Scheich.

Es folgen Pässe, folgen Flanken
Um Spieler sich Legenden ranken.
Ein böses Foul, ein toller Trick,
Manchmal Pech und manchmal Glück.

Und fällt dann endlich mal ein Tor,
Dann grölt das Stadion im Chor.
Des einen Freud, des andern Leid,
Es wächst die Häme, wächst der Neid.

Manches Wort und manche Gesten
Dienen nur um zu verletzen.
Doch wieviel Geld ist es denn wert,
Dass sich Leidenschaft in Hass verkehrt.

New Economy

Als Haupt des Lebens sich begreifend
Und doch nur Teil desselben ist.
Zum ewig Gült'gem sich ereifernd,
Wo doch nur Einfalt Hofe hält.
Wo ist der Mensch in dieser Welt?

So ist die Welt der Aktienkurse,
Wo Fantasie als Banner zählt.
Der Zinssatz wird zum Lebensspender
Und durch die Adern rinnt das Geld.
Wo bleibt der Mensch in dieser Welt?

Moderne Zeiten

Grau in Grau – es schwellen die Wolken
Bedrohlich zu finsterer Gestalt.
Man spürt bereits den Druck der Gewalten
und Stürme peitschen durch den Wald.

Es strahlt kein Licht mehr aus den Menschen,
Die Kerzen, sie lodern nur noch schwach.
Die Menschlichkeit erfährt ihre Grenzen,
Und Gefühle - bald liegen sie brach.

Ein Lächeln harrt seiner Entstehung
Und gefriert ganz langsam zu Eis.
Man vermeidet jede Begegnung
Und ergibt sich der Gleichgültigkeit.

Archetypen

Er ist Dir ein Mentor, von Großmut beseelt,
Seine Großzügigkeit er niemals verhehlt.
In Verantwortung er Dir Dein Leben gern lenkt:
Der König – Voller Güte er reich Dich beschenkt.

Entschlossen und ernsthaft mit Selbstdisziplin
Übernimmt er Verpflichtung, gibt begeisternd sich
hin.
Wie ein Fels in der Brandung ist er für Dich da:
Der wütende Krieger – er ist Dir so nah.

Rastlose Jagd, und dem Wissen vertraut.
Er liebt das Chaos, weil er es durchschaut.
Zeigt auf neue Wege, seine Weisheit erhellt:
Der Magier zeigt Dir das Wesen der Welt.

Er kennt Deine Freude, er kennt Deinen Schmerz,
Berührt Deine Seele, schließt Dich in sein Herz.
Dir zärtlich ergeben, vertraut viel zu leicht:
Doch in den liebenden Mann auch Trauer sich
schleicht.

Bei den Schafen

Es stellt sich schon im Vorfeld ein,
Geht man bedächtig in das Gatter rein.
Man will die Schafe nicht erschrecken,
Weder stressen noch sie necken.

Will man ihr Beisein nicht vernichten,
Soll man den Blick nicht auf sie richten.
Besser spricht man dann mit ihnen,
Was zur Beruhigung könnte dienen.

Und lädt sie ein zum Bergeshang,
Dezent entfernt in seinem Gang.
Manch ein Schaf den Ausbruch wagt,
Mit List wird es ihm doch versagt.

Am Ende ist ein jeder froh,
Der Mensch war da und jetzt gibt's Stroh.
Und reichlich Wasser und auch Brot,
So helfen wir uns beiden in der Not.

Im 21. Jahrhundert

Staubiger Sand in der Wüste
Eiskaltes Wasser der Küste
Was gesagt und getan werden müsste

Zum Schutz durch den zu errichtenden Wall
Ist verschollen im unendlichen All
Man vernimmt kaum noch den Widerhall

Die Mahner wurden verbannt
Gefahren wurden nicht mehr genannt
Worte prallten nur noch an die Wand

Bald witterte man allseits Verrat
Und Bürger schritten zur Tat
Geht sie nun auf, die unsägliche Saat?

Vielleicht

Vielleicht fühlt sie sich verehrt
Vielleicht läuft die Welt verkehrt

Vielleicht ist es wahr, was man so sieht
Vielleicht die Logik in diesem Krieg

Vielleicht ist das alles Schein
Vielleicht passt die Wahrheit hier nicht rein

Vielleicht ist schlecht in Wahrheit gut
Vielleicht hat nur niemand Mut

Vielleicht scheint gar nichts mehr gerecht
Vielleicht ist Gutes nur noch schlecht

Vielleicht

Ein Lächeln

Ein Lächeln nur,
Es tät mir gut,
Käm' es von Deinem Munde.

Es spräch' zu mir,
Und gäb' mir Mut,
Aus Deiner Seele Kunde.

Durchschrittenes Tal,
Getränkt von Blut,
Vergossen Dir zum Bunde.

Vergiss mich nicht,
Noch brennt die Glut,
Noch spür ich manche Wunde.

Beliebt und verachtet

Wirf Dein Leben nicht weg,
Du hast nur das eine.
Dein Blick war so traurig,
Mein Empfinden so schaurig,
Es traf mich ins Reine.

Ohne Ausweg am Boden
Befand ich mich am Ende.
Sah die Sorgen in Deinen Augen,
Wie kann ich als Vorbild noch taugen,
Schaff ich jemals die Wende?

Georg Gumpp

So viele Jahre

Gedichte aus vier Jahrzehnten

Georg Gumpp

Einkehr ins Ich

Gedichte der Innerlichkeit

Georg Gumpp

Unterwegs im Leben

mit Bildern von Rebecca Gumpp